ÉTUDE

SUR LA

SOCIÉTÉ FRANÇAISE DE SECOURS

AUX BLESSÉS DES ARMÉES DE TERRE ET DE MER

ET SUR LA

CONVENTION DE GENÈVE

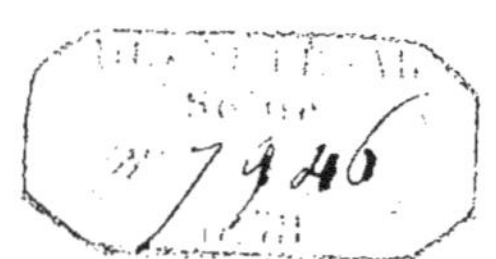

PARIS,

IMPRIMERIE ADMINISTRATIVE DE PAUL DUPONT,

RUE JEAN-JACQUES-ROUSSEAU, 41.

MDCCCLXX

SOMMAIRE.

PREMIÈRE PARTIE.

La Société française de secours aux blessés des armées de terre et de mer.

Historique. — La Société pendant la guerre. — Exposé au 10 octobre. — Statuts. — Règlement de la Société. — Nomenclature des objets que la Société réclame de la charité publique.

DEUXIÈME PARTIE.

La Convention de Genève.

Historique. — Texte de la Convention de 1864. — Articles additionnels de 1868. — Texte proposé par la Conférence internationale de Paris (1867). — Analyse des articles de la convention de 1864 et des cinq premiers articles additionnels de 1868.

PREMIÈRE PARTIE

LA SOCIÉTÉ FRANÇAISE

DE SECOURS AUX BLESSÉS DES ARMÉES

DE TERRE ET DE MER.

L'idée d'appeler la charité privée au secours des blessés du champ de bataille avait déjà autrefois préoccupé plus d'un philanthrope; mais elle n'était jamais entrée dans le domaine public, et passait, aux yeux de la critique savante, pour une généreuse utopie. C'est seulement de nos jours que, défendue ardemment par quelques citoyens de Genève, et favorisée par d'heureux essais d'application, elle s'est rallié une armée de partisans et a fini par s'imposer à l'adoption de tous les États de l'Europe.

En France, c'est la *Société d'économie charitable* qui, la première, en discuta publiquement les principes. Dans sa séance du 7 mars 1864, elle les adopta à l'unanimité, et les admit comme bases d'une institution prochaine (1).

Peu après, se constitua une société, qui entreprit d'étudier ce projet et de l'amener à une pleine maturité. C'est la *Société de secours aux blessés militaires des armées de terre et de mer.*

Sous l'énergique impulsion de ses fondateurs, elle développa dans l'œuvre naissante une telle vitalité, qu'un décret du 23 juin 1866 la reconnut officiellement « établissement d'utilité publique. »

Dès cette même année, pendant la guerre entre l'Autriche,

---

(1) Voir *Revue d'économie chrétienne,* annales de charité, nouvelle série, 5ᵉ année, tome vi, page 1075. Adrien Le Clerc et Cⁱᵉ, 1864.

l'Italie et la Prusse, elle envoya des secours aux trois parties belligérantes. Elle appliquait ainsi, *la première*, la théorie du secours international, et confirmait le principe qui fait un devoir aux peuples neutres de prêter aux belligérants une assistance charitable.

En 1867, l'Exposition universelle attirait à Paris des étrangers de toutes les nations. La Société profita de l'immense publicité que leur présence assurait à ses actes pour hâter le succès de sa noble entreprise. Dans l'Exposition universelle, elle ouvrit une exposition particulière aux appareils, aux matériaux, aux instruments de toute sorte, qui intéressent la question de l'hygiène et du service sanitaire des armées.

Un précieux effet de cette mesure fut de provoquer des études comparatives sur des questions généralement négligées jusqu'alors. Les hommes, que leurs fonctions appellent, soit à transformer, soit même à créer, suivant les progrès de la thérapeutique, le matériel sanitaire, semblent trop souvent oublier, que leur premier devoir est de travailler à élever l'art de guérir au niveau des progrès que fait chaque jour l'art de tuer.

En cette même année 1867, s'ouvrirent à Paris des conférences internationales, où les gouvernements et les sociétés de secours de toute l'Europe étaient représentés. Il s'y tint de longues et sérieuses discussions sur les moyens d'adoucir le sort des soldats blessés et malades (1).

De ces débats sortit la preuve éclatante, que s'il y avait quelque espérance d'atteindre le but proposé, c'était à la condition qu'une foule d'offices importants seraient remplis par les sociétés de secours.

Après plusieurs mois d'études, la Société internationale rédigea un projet, qui, mettant la Convention de Genève à l'abri des interprétations arbitraires, lui donna tous les éléments d'un traité

---

(1) Voir : Conférences internationales des sociétés de secours aux blessés des armées de terre et de mer, tenues à Paris en septembre 1867, et publiées, la même année, par la commission générale des délégués. Ire partie.

Idem : IIe partie. Chez Baillière et fils, Paris, 1867.

durable. Soumis à la sanction des représentants des États et des délégués des sociétés de secours, ce projet fut alors adopté par un vote unanime (1). Aussi les conférences de Paris eurent-elles pour premier résultat de provoquer, en octobre 1868, une conférence diplomatique. Elle se réunit officiellement à Genève, ajouta cinq articles à la convention de 1864 (2), et proposa même que la convention s'étendît à la guerre maritime.

Notre œuvre acquit, l'année suivante, un développement nouveau. Au mois d'avril 1869, se tint à Berlin une conférence internationale, qui, pour les temps de paix et les temps de guerre, étendit sur des points déterminés, les attributions et les devoirs des sociétés de secours.

A toutes ces conférences, la société française fut, ainsi que notre gouvernement, représentée par plusieurs délégués. Elle a si bien montré quel puissant auxiliaire toute réforme généreuse trouvait en elle, qu'elle est déjà convoquée au congrès international, qui doit, en 1871, réunir dans la capitale de l'Autriche toutes les sociétés de secours aux blessés. Il est facile de prévoir, qu'à la suite de la guerre actuelle, ces conférences auront à débattre des points nouveaux, et qu'il y surgira d'importantes questions, dont la solution s'imposera victorieusement.

Pour ne pas perdre le fruit des études faites sur le matériel de santé, on a proposé que ce matériel fût l'objet d'une exposition permanente. Il constitue à Paris, dans le palais des Invalides, un musée que subventionnent la plupart des gouvernements et des sociétés de secours de l'Europe.

La société française entretient en outre et renouvelle avec soin

---

(1) Nous reproduirons plus loin, page 37, le texte littéral de ce projet. Le lecteur, exempt de préventions, pourra le comparer avec le traité en vigueur aujourd'hui, et se former un jugement sur leur valeur relative.

(2) Ces articles additionnels ne sont pas encore ratifiés par les puissances ; néanmoins, la France et la Prusse les ont officiellement admis, ainsi que ceux qui regardent la guerre maritime, comme *modus vivendi* pendant la guerre actuelle. La France les a reconnus dans une déclaration inscrite au *Journal officiel*, 21 juillet 1870, et la Prusse, dans une lettre, qu'en date de Berlin, 24 juillet 1870, le président de la société de secours prussienne, M. de Sydow, adressa à M. de Flavigny.

une bibliothèque, où sont classés méthodiquement, suivant la langue des différents pays, les livres et écrits de toute sorte, qui traitent de sujets relatifs à la santé des armées.

Sous l'influence d'idées empruntées à l'étranger, et de principes nouveaux que nos diverses études nous firent adopter, notre société fut assez forte pour envoyer, sur les théâtres de la guerre actuelle, des ambulances volantes, *les premières qu'ait organisées en Europe une société de secours*. Des hommes de tous pays s'étaient volontairement offerts pour servir les blessés, les malades, dans les hôpitaux et dans les ambulances fixes et mobiles : ils furent accueillis par notre société, envoyés par elle comme médecins ou comme aides, et, sous tous les rapports, ils rivalisèrent de dévouement avec nos compatriotes.

Il ne nous appartient pas d'apprécier les services rendus par nos ambulances volantes ; mais nous croyons avoir le droit d'en appeler sans crainte au jugement des commandants militaires. Ils diront, avec une incontestable autorité, si le personnel de nos ambulances, muni d'un matériel, pour ainsi dire improvisé, a bien rempli son devoir; s'il le remplit encore, quand il va, jusqu'au milieu de l'action, relever ceux qui tombent ; si nos ambulances fixes sont organisées d'après les principes, qu'impose aujourd'hui l'hygiène des armées ; et si les chefs éminents, qui les dirigent, savent appliquer les principes de la chirurgie et de la médecine modernes.

D'autre part, l'activité de nos relations avec les sociétés de secours de tous les pays nous a permis d'ajouter à nos ressources pécuniaires, et d'approvisionner nos magasins de matériaux de toute sorte.

Nous nous sommes vus même obligés, dans un intérêt mutuel, de rester en communication avec les sociétés des pays actuellement en guerre avec nous, notamment avec la société de Berlin, organe central des sociétés allemandes. C'était la seule voie, qui nous permît d'obtenir des renseignements certains, d'envoyer de l'argent, des lettres, des paroles consolantes, et d'acheminer sur les points où la détresse était grande, des délégués spéciaux, autorisés par des pouvoirs extraordinaires à pratiquer en notre nom,

— 7 —

comme ils la pratiquent encore, l'œuvre charitable à laquelle nous nous sommes dévoués (1).

Avant d'offrir l'aperçu détaillé de nos actes, depuis l'origine de la guerre, il importe de relever une qualification qu'on donne trop souvent à notre Société.

On dit : C'est une Société *internationale*.

Le mot n'est pas juste ; et, pour qui ne connaît notre Société de secours que sur l'apparence, il suffit à défigurer son vrai caractère.

Quelques exemples détermineront la juste application du mot.

La Convention de Genève de 1864, signée et ratifiée par tous les gouvernements de l'Europe, est un acte *international*.

Les relations, qu'une société de secours entretient avec les sociétés de secours étrangères, constituent des rapports *internationaux*.

Le concours de la charité privée, s'exerçant sur le champ de bataille, — abstraction faite de la nationalité des blessés, — est une œuvre *internationale*.

Mais, pour les actes d'administration, d'organisation et de gestion, dont l'ensemble constitue le rôle des Sociétés de secours à *l'intérieur de leurs pays respectifs,* ce sont des actes *nationaux*.

Si l'œuvre à laquelle ces sociétés concourent est internationale, leur caractère est celui de sociétés nationales.

Notre société de secours aux blessés militaires, reconnue depuis le 23 juin 1866 « établissement d'utilité publique », est en réalité société *nationale, absolument française*.

Une dernière remarque :

Notre société est fondée depuis 1866 sur les principes de la convention de Genève ; elle est autorisée par le pouvoir civil et

---

(1) Avant la bataille de Sedan, et aussitôt après, des délégués revêtus de ce caractère, furent envoyés par la société en Belgique et sur le théâtre de la guerre ; c'est du point central de Bruxelles, qu'ils continuent aujourd'hui l'exercice de leur mandat.

le pouvoir militaire, elle est accréditée auprès des sociétés de secours étrangères, et responsable à l'égard de l'État et du public.

Ce sont les sociétés organisées dans les mêmes conditions que
la nôtre que le treizième article additionnel désigne expressément comme « *reconnues par les gouvernements signataires
de la convention de Genève.* » Ces mots frapperont peut-être
le lecteur attentif.

Dès le début de la guerre, la société se déclara en permanence ;
depuis, elle travaille sans relâche.

Elle siége actuellement à l'Élysée national.

Elle est administrée par un conseil.

Le bureau se compose d'un président, de vice-présidents, d'un
secrétaire général et d'un trésorier général.

Sans parler du conseil, la société se divise en sections, répar-
ties suivant les divers travaux qu'elle embrasse.

Elles sont au nombre de douze :

1re section, service médical ;
2e — service et organisation des ambulances ;
3e — matériel ;
4e — marine ;
5e — relations internationales ;
6e — relations départementales ;
7e — renseignements sur les blessés et les prisonniers ;
8e — finances ;
9e — publicité ;
10e — livres ;
11e — comité des dames ;
12e — économat.

Seize ambulances volantes ont été expédiées sur les derniers
théâtres de la guerre. Quatre ont été équipées, sous notre direction, aux frais de peuples étrangers.

Ce sont :

L'ambulance suisse ;

L'ambulance néerlandaise ;

L'ambulance anglo-américaine ;

L'ambulance turinoise.

Les douze autres sont françaises.

Voici l'itinéraire suivi par chacune d'elles jusqu'au 22 septembre, date de leurs dernières nouvelles.

La 1re part le 4 août. — Elle est à Borny le 14 août ; — à Gravelotte le 18 ; — puis à Metz.

La 2e part le 8 août. — A Toul le 9, elle est faite prisonnière. — Revenue par Cologne, Maubeuge, Reims, Rethel, elle est au Chesne (Ardennes) le 28 août ; — le 6 septembre, à Sedan ; — le 8, à Mouzon, dans les Ardennes.

La 3e part le 14 août ; — à Verdun le 17 ; le 20, prisonnière à Gravelotte, elle est le 6 à Namur, en Belgique ; — puis s'arrête aux environs de Sedan.

La 4e part le 17 août. — Elle se rend à Reims, auprès du corps de Mac-Mahon ; — elle est à Rethel le 27 ; — au Chesne, le 28 ; — puis à Chaumont ; — aux environs de Sedan ; — enfin à Beaumont.

La 5e part le 20 août. — Elle se rend à Reims ; — le 24, elle est à Béthenville ; — le 28, à Attigny ; — puis aux environs de Sedan.

La 6e, *ambulance suisse*, part le 21 août. — Elle se rend à Reims ; — puis passe à Vouziers.

La 7e part le 22 août. — Elle se rend à Reims ; — elle est à Rethel, le 26 ; — à Attigny, le 27 ; — aux Grandes-Armoises, le 29 ; — à Bouillon (Belgique), le 6 septembre ; — enfin à Rémilly, près de Sedan.

La 8e part le 25 août. — Elle s'arrête à Montmédy ; — puis aux environs de Sedan, sur la frontière belge.

La 9e part le 27 août. — Elle passe à Mézières, à Sedan ; — elle est à Chemery le 30 ; — à Dammartin, le 5 septembre ; — à Paris, le 7 ; — et s'arrête à Arcueil.

La 10e, *ambulance néerlandaise*, part le 27 août. — Elle se rend à Mézières ; — elle est à Sedan, le 5 septembre ; — puis à Pouilly-sur-Meuse.

La 11e, *ambulance anglo-américaine*, part le 28 août. — Elle se rend à Mézières ; — le 28 septembre, elle s'arrête aux environs de Sedan.

La 12e part le 31 août. — Elle se rend à Reims ; — elle est à Laon, le 5 septembre ; — le 10, aux environs de Sedan.

La 13e part le 1er septembre. — Elle se rend auprès du corps de Mac-Mahon ; — elle s'arrête ensuite aux environs de Sedan.

La 14e part le 4 septembre. — Le 7, elle est aux environs de Sedan, à Mouzon (Ardennes).

La 15e, *ambulance turinoise*, part le 4 septembre. — Elle s'arrête à Hirson ; — à Sedan ; — à Saint-Michel-sur-Aisne.

La 16e part le 8 septembre. — Elle s'arrête à l'avenue de la Grande-Armée ; — à Saint-Mandé ; — à la gare Montparnasse.

Existent actuellement, prêtes au service de jour et de nuit :

9 Ambulances volantes avec un personnel de
27 Médecins,
68 Brancardiers ;

Quatre ambulances, affectées au service des quatre divisions de la garde mobile, composées chacune de 1 chirurgien en chef et 4 aides-chirurgiens ;

Trois ambulances fixes établies par la Société :

Au Palais de l'Industrie (1) ;

Au Corps Législatif ;

Aux Tuileries.

Elles ont à leur tête des praticiens célèbres entre tous, et comprennent un personnel de :

15 chirurgiens,
1 infirmier-major principal,

---

(1) Cette ambulance va être transférée au *Grand-Hôtel*.

7 infirmiers-majors,
2 aumôniers,
5 sœurs,
3 pharmaciens,
7 comptables,
113 infirmiers,
20 infirmières.

Nous ne parlons pas des volontaires. Ils comptent, parmi les plus dévoués d'entre eux, plus d'une femme du monde, qui s'honore de porter aujourd'hui le tablier d'infirmière et de veiller au chevet des blessés.

Des ambulances étrangères à la Société manquaient de matériel ou d'argent : la Société s'est empressée, sur leur demande, de leur fournir ce dont elles avaient besoin.

Pour qui voudrait s'éclairer sur l'organisation de notre Société, nous publions ses statuts et son règlement.

Nous donnons aussi le détail de sa gestion dans un double tableau qui résume, jusqu'au 10 octobre, l'emploi des sommes et des dons en nature remis entre ses mains.

Suit une liste des objets que la Société demande à la bienfaisance publique, pour répondre aux besoins créés par la guerre.

EXPOSÉ AU 10 OCTOBRE 1870

1° EMPLOI FAIT EN ARGENT

DÉSIGNATION DES SERVICES.	MONTANT	
	par NATURE DE SERVICE.	TOTAL.
I. — AMBULANCES DE CAMPAGNE.	fr. c.	fr. c.
16 ambulances actives, dont le coût ensemble de. . . .	877,307 99	
4 id. de la garde mobile	14,977 72	
9 id. volantes.	27,562 70	921,686 41
1 id. du génie auxiliaire	1,138 »	
2 id. de réserve	700 »	
II. — AMBULANCES FIXES.		
1° Ambulance du Palais de l'Industrie	68,695 15	
2° id. du Corps législatif	3,903 50	80,277 07
3° id. des Tuileries	5,312 60	
4° id. des gares de l'Est et du Nord	2,365 82	
III. — SERVICES DIVERS.		
Evacuations, ravitaillement et secours aux blessés . . .	1,060,265 40	
Crédits aux missions diverses et aux sous-comités constitués, notamment à Bruxelles, à Tours, à Lille, à Montpellier, à Marseille, à Bordeaux, à Colmar, à Lyon, à Rennes, pour secourir les blessés des ambulances et les prisonniers blessés, internés en Allemagne . .	506,025 90	1,566,291 30
TOTAL GÉNÉRAL.		2,568,254 78

2° EMPLOI FAIT EN NATURE

DÉSIGNATION des PARTIES PRENANTES.	REMISES EN LINGE.									LIQUIDES.	
	Chemises.	Mouchoirs.	Serviettes et torchons.	Draps.	Alèzes.	Linge à pansement.	Gilets de flanelle.	Choussons.	Couvertures.	Vins.	Liqueurs.
						kil .		paires.		litres.	litres.
Ambulances municipales de Paris.	3,690	1,979	5,602	4,326	1,148	17,790	1,082	»	480	46,125	2,750
Ambulances privées, à Paris et en province .	8,497	»	»	6,006	»	50,000	»	250	351	57,923	2,023
Intendance militaire. . .	»	»	»	»	»	5,000	»	»	»	»	»
TOTAUX GÉNÉRAUX .	12,187	1,979	5,602	10,332	1,148	72,790	1,082	250	831	104,048	4,773

STATUTS ET RÈGLEMENT

DE LA

SOCIÉTÉ FRANÇAISE DE SECOURS AUX BLESSÉS

DES ARMÉES DE TERRE ET DE MER

Reconnue d'utilité publique, le 23 Juin 1866.

STATUTS.

ARTICLE PREMIER.

La Société a pour objet de concourir, par tous les moyens en son pouvoir, au soulagement des blessés et des malades sur les champs de bataille, dans les ambulances et dans les hôpitaux.

ART. 2.

Elle se compose de membres fondateurs, qui souscrivent pour une somme annuelle de 30 francs, et de membres souscripteurs, dont la cotisation annuelle ne peut être inférieure à 6 francs. Les dames peuvent, à ce double titre, en faire partie.

ART. 3.

La Société adhère aux principes généraux énoncés dans la Conférence internationale de 1863, et dans la Convention signée à Genève le 22 août 1864.

ART. 4.

La haute direction des travaux de la Société est confiée à un Conseil siégeant à Paris, sous la présidence honoraire de LL.

EExc. les Ministres de la guerre et de la marine. Ce Conseil est composé de cinquante membres, élus par l'Assemblée générale des fondateurs, pour cinq ans, et toujours rééligibles.

Il est renouvelé chaque année par cinquième.

Il nomme un Président, des Vice-Présidents, un Secrétaire-général et un Trésorier.

Art. 5.

Le Conseil nomme pour trois ans un Comité d'administration de vingt-cinq membres. Ces membres peuvent toujours être réélus.

Art. 6.

Le Comité organise tous les moyens d'action en personnel et en matériel. Il dirige l'instruction de ses agents, et pourvoit à tous leurs besoins, sur les divers points où ils sont appelés ; il reçoit les dons et secours, et il en fait emploi selon les nécessités du service. Il correspond avec les Ministres, pour obtenir l'adoption des mesures qui intéressent la marche de l'Œuvre.

Art. 7.

Le Comité se réunit une fois par mois, ou plus souvent, si les travaux de la Société l'exigent.

En cas d'absence du Président ou des Vice-Présidents, le membre le plus âgé préside la séance.

La présence de six membres suffit pour délibérer.

Art. 8.

Toutes les fonctions du Conseil et du Comité d'administration sont gratuites.

Art. 9.

Les ressources de la Société se composent du revenu de ses biens de toute nature, du produit des cotisations annuelles des fondateurs et des souscripteurs, des dons et legs qu'elle est autorisée à accepter, des offrandes de diverse nature qui lui sont adressées, et enfin des subventions qui pourraient lui être accordées.

Art. 10.

Le Trésorier de la Société est chargé de la comptabilité et de la caisse.

Art. 11.

Les fonds disponibles sont déposés, au choix du Conseil, dans un des établissements financiers dont le Gouverneur, ou dont le Directeur ou le Président du Conseil d'administration est nommé par l'Etat.

Les excédants de recettes, qui ne seront pas nécessaires aux besoins et au développement de la Société, seront placés en rentes sur l'État ou en obligations de chemins de fer français.

Art. 12.

Un règlement, arrêté par le Conseil, détermine les conditions de l'administration intérieure, et toutes les dispositions de détail propres à assurer l'exécution des Statuts.

Art. 13.

Le compte-rendu moral et financier de l'Œuvre est présenté chaque année en Assemblée générale aux fondateurs, convoqués spécialement à cet effet.

Ce compte-rendu est adressé aux Ministres de la Guerre, de la marine et de l'intérieur.

Art. 14.

Aucune modification ne pourra être apportée aux présents Statuts, sans l'autorisation du Gouvernement.

RÈGLEMENT.

Article premier.

La Société de secours aux blessés militaires est destinée à devenir, en temps de guerre, l'auxiliaire du service sanitaire dans les armées de terre et de mer.

Elle forme en quelque sorte la réserve de ce service.

Art. 2.

La Société recueille pendant la paix, au moyen de souscriptions, les ressources nécessaires pour se trouver en mesure d'agir dès le début des hostilités.

Elle accepte, en outre, les dons qui lui sont adressés, les legs qui lui sont faits, et en général toute espèce d'offrandes.

Art. 3.

Le Comité central de la Société a son siége à Paris.

Il provoque en France et dans toutes les possessions françaises, la formation de Comités sectionnaires en nombre illimité.

Il s'efforce également de former des Comités de dames. Les Comités nomment leur Président. Ces nominations sont soumises au Comité central, qui les confirme par l'envoi d'un diplôme.

Douze places sont réservées dans le Conseil d'administration pour les représentants des Comités sectionnaires, et six pour les dames désignées par les Comités dont elles font partie.

Au commencement de chaque année, les Comités sectionnaires et les Comités de dames envoient au Comité central un compte-rendu de leurs travaux et un exposé de leur situation financière.

Chacun de ces Comités est tenu d'adresser à la même époque,

au Comité central, le cinquième (1/5) des souscriptions, qu'il a pu recueillir pendant l'année.

Cette cotisation est placée en rentes sur l'État ou en obligations de chemins de fer français, et forme le fonds de réserve de la Société. Les revenus en sont ajoutés au capital d'année en année.

ART. 4.

En temps de guerre, le Comité central dispose seul de tous les fonds de la Société. Il doit toutefois mentionner avec soin la provenance des dons en argent et en nature qu'il distribue.

ART. 5.

Pendant la paix, chaque Comité a la libre disposition des fonds qu'il a recueillis, sous la réserve du versement mentionné à l'article 3.

Le but de la Société étant de seconder, aussi bien pendant la paix que pendant la guerre, l'action administrative, ces fonds sont exclusivement appliqués à des achats de matériel ;

A la préparation d'un personnel hospitalier ;

Au soulagement des souffrances et des infortunes, suite des guerres, ou d'épidémies en campagne.

ART. 6.

A la fin de chaque année, le Président convoque une Assemblée générale de tous les membres souscripteurs.

Il est donné à l'avance la plus grande publicité possible à cette réunion.

Indépendamment de cette réunion annuelle, le Président convoquera des Assemblées extraordinaires, toutes les fois qu'il le jugera nécessaire.

Le Comité soumet à l'examen et à la sanction de l'Assemblée générale le compte-rendu général et financier de l'année précédente.

L'Assemblée générale prend ses décisions à la majorité des voix présentes. Dans le cas de partage égal des suffrages, la voix du Président emportera le vote.

Les rapports qui ont été lus, et les décisions qui seront prises en Assemblée générale, devront être publiés dans le *Bulletin* de la Société.

ART. 7.

La Société adopte pour son sceau un écusson blanc avec croix rouge, dite octogone, entourée d'un ruban sur lequel est écrit le titre de la Société.

En temps de guerre, tout le matériel distribué par les Sociétés de secours porte la marque de la Société.

Les personnes, envoyées par la Société à la suite des armées ou des flottes, portent, comme signe distinctif, au bras gauche, un brassard blanc avec croix rouge, dite octogone.

Toutes les ambulances, dépôts, hôpitaux, navires, embarcations et établissements quelconques, appartenant à la Société, seront surmontés d'un drapeau analogue.

Des mesures seront prises par le Comité central, d'accord avec le Ministre de la guerre, le Ministre de la Marine, les généraux commandant les armées et les amiraux commandant les escadres, pour qu'il ne puisse être fait abus de ce chiffre distinctif.

Le pavillon de la Société est accordé aux bâtiments et aux embarcations de plaisance qui en font la demande.

ART. 8.

Lorsque l'armée ou la flotte est mise sur le pied de guerre, le Comité central, après s'être concerté avec le Ministre de la guerre ou le Ministre de la marine, convoque le Conseil.

Un appel est immédiatement adressé, par tous les moyens possibles de publicité, à la nation toute entière, pour provoquer des dons de toute nature, destinés à soulager les malades et les blessés des armées et des flottes en campagne.

Un service d'infirmiers volontaires est immédiatement organisé.

Il est également fait un appel aux ecclésiastiques de tous les cultes, pour qu'ils viennent apporter aux blessés et aux malades les secours et les consolations de la religion.

Art. 9.

Les corps d'armée ou les escadres étant formés, le Comité central délègue, auprès du commandant en chef et de chaque commandant de corps d'armée ou d'escadre, un de ses membres, dont le choix est sanctionné par le Conseil.

Ces délégués correspondent directement avec le Comité central.

Ils ont pour mission de préparer l'établissement des ambulances et de tout ce qui sera nécessaire aux besoins des malades et des blessés. Ils veillent à l'emploi des ressources, qui leur sont fournies par la Société.

Le personnel des infirmiers volontaires est placé sous les ordres de ces délégués.

Ils doivent chercher par tous les moyens possibles à améliorer l'état des malades et des blessés, et se concerter avec les chefs de l'intendance et les chefs de service de santé pour faciliter ce service.

Art. 10.

Dès le commencement des hostilités, le Comité central s'efforce d'établir à proximité du théâtre de la guerre tous les moyens d'action en personnel et en matériel.

Art. 11.

La guerre terminée, les délégués adresseront au Comité central un compte-rendu détaillé de leurs actes, des dépenses qui ont été effectuées et des résultats obtenus pendant leur administration.

Dans l'espace de 6 mois après la conclusion de la paix, le Président convoquera une Assemblée générale, à laquelle sera présenté un rapport détaillé sur les opérations de la Société pendant la guerre.

OBJETS

que la Société de secours réclame de la bienfaisance publique pour l'usage des soldats blessés et malades.

A. — *Habillements et linge, literie :*

Robes de chambre,
Vêtements d'hiver,
Vareuses { noires, grises,
Pantalons { noirs, gris,
Blouses,
Pantoufiles,
Chaussettes,
Bonnets de nuits,
Chemises,
Caleçons,
Gilets de flanelle ou de coton,
Ceintures   id.
Souliers,
Guêtres,
Cravates,
Chapeaux,
Draps de lit,
Torchons,
Couvertures,
Couvre-pieds,
Matelas,
Paillasses,
Taies d'oreiller,
Oreillers bourrés de toutes formes,
Traversins,
Lits Tucker,
Sommiers élastiques,
Cache-nez,
Mouchoirs,
Toile goudronnée,
Nappes,
Serviettes de table et de toilette,
Tentes de vingt-quatre lits,
Tentes-abris,
Cantines avec lits.

B. — *Objets de pansement :*

Charpie,
Compresses,
Toiles triangulaires;
Linge frais,
Vieux linge,
Ouate,
Bandages à rouler,
Flanelle,
Calicot,
Rubans,
Papier de gutta-percha,
Petits sacs à glace,
Sacs à pansement vides,
Brancards à cerceaux,
Rails en bois,
Cartons,
Verres à eau,
Farine d'amidon,
Glycérine,
Éponges fines pour bains.
Éponges ordinaires.

C. — *Rafraîchissements et cordiaux. — Aliments.*

Vin,
Rhum,
Cognac,
Café,
Sucre,
Thé,
Chocolat,
Extrait de viande,
Lait condensé,
Café condensé,
Citrons,
Oranges,
Fruits secs,
Sirops de toutes sortes,
Fruits candis,
Compotes,
Tabac à fumer et à priser, cigares,
Conserves de légumes,
Conserves de viande,
Biscuits,
Fromage,
Riz,
Légumes secs,
Farine,
Beurre salé,
Esprit de vin,
Sel,
Poivre,
Huile à manger,
Huile à brûler,
Vinaigre,
Bouilloires à esprit de vin,
Batterie de cuisine,
Allumettes,
Bois de cuisine et de chauffage,
Charbon de bois,
Charbon de terre.

D. — *Ustensiles divers :*

Tréteaux,
Hachettes,
Pelles,
Pioches,
Coupes d'étain,
Assiettes d'étain,
Plats d'étain,
Couteaux,

D. — *Ustensiles divers* (suite).

Fourchettes,
Cuillers,
Garde-cuisine,
Essuie-mains,
Lampes de tous genres et lanternes,
Bougies,
Cierges pliés,
Miroirs à la main,
Peignes,
Brosses à cheveux,
— à dents,
Brosses à habits,
— d'appartement et de cuisine,
Savon,
Cuvettes en fer-blanc,
Tables de nuit,
Tabourets,
Petits guéridons d'hôpital,
Seaux et cuves,
Moulins à café,
Récipients d'immondices,
Boîtes aux ordures,
Plumeaux,
Cruchons,
Allumettes,
Cure-dents,
Tire-bouchons,
Passoires de toutes sortes,
Écumoires,
Entonnoirs.
Pommades,
Pipes à tabac,
Lampes à esprit,
Ustensiles de bureau,
Papier d'emballage,
Papier à cigarettes,
Encre et écritoires,
Calendriers, éphémérides,
Livres et écrits appropriés,
Bidons,
Garde-robes portatives,
Vases plats,
Vases de nuit,
Urinoires,
Crachoirs à bouche,
— par terre.

E. — *Matières désinfectantes :*

Acide phénique,
Chlorure de chaux,
Sulfate de fer,
Hypermanganate de potasse,
Eau de Cologne.

F. — *Moyens de transport :*

Voitures convenablement construites pour le transport des blessés, et fourgons pour le matériel,
Brancards simples et roulants,
Chaises roulantes,
Béquilles,
Cannes,
Torches,
Lanternes,
Bêches.

G. — *Matériel d'hôpital :*

Trousses portatives,
Boîtes à instruments garnies,
Baignoires,
Bols à broyer,
Boîtes en carton,
Petits sachets à poudre,
Flacons à médicaments,
Pots à pommade,
Spatules,
Pinces à pansement,
    —   —   à bec creux,
Ficelle et cordonnet,

Injecteurs pour plaies,
Seringues,
Irrigateurs,
Épingles,
Gamelles à pansement,
Tabliers d'hôpital,
Manchettes de service,
Tasses à bec,
Balances d'officine,
Thermomètres-baromètres,
Farine de moutarde,
Farine de graine de lin,

H. — *Médicaments :*

Laudanum en poudre,
Quinine,
Morphine,
Ipécacuanha,
Tartarus stibiatus,
Calomel,
Sulfate de magnésie,
Bicarbonate de soude,
Rhubarbe,
Jalap,
Alcool camphré,

Iodure de potasse,
Onguent de mercure,
Cérat,
Créosote,
Eau de sedlitz,
Eau de seltz,
Teinture d'arnica,
    — d'iode,
    — de laudanum,
Sirop de gomme,
Thé de différentes qualités.

Les soins de la Société ne s'adressent pas exclusivement au corps des blessés ; elle veut donner aussi quelque aliment à leur esprit. Amusante ou sérieuse, une lecture distrait la douleur et fait passer les longues heures de la convalescence. Livres de science, d'histoire, journaux illustrés, relations de voyage, récits de batailles et romans choisis, la Société les reçoit, vieux ou neufs, avec reconnaissance, et les distribue dans les ambulances qui lui sont attachées.

C'est seconder les mêmes vues, que d'envoyer à la Société des cartes, des dominos, des damiers, des échecs, et tous jeux, en un mot, qui amusent sans fatigue.

A ces envois se joindraient encore à propos des enveloppes affranchies. Leur vue tenterait l'esprit du blessé et lui mettrait souvent la plume à la main.

Quant aux objets distribués dans les cadres que nous avons ouverts, nous avertissons qu'ils doivent être de la meilleure qualité, et emballés de telle sorte qu'ils soient à l'abri de l'humidité.

Tout paquet, caisse, boîte, etc., doit être muni d'une étiquette, où le contenu soit indiqué; celle-ci doit être apparente et fixée solidement.

Les objets corruptibles seront signalés spécialement. Il suffira d'inscrire clairement sur le colis le mot *urgent,* ou *pressé.*

De temps à autre, la Société publiera, par la voie des journaux, la liste des objets qu'elle possède en quantité suffisante, ceux dont elle est médiocrement pourvue, ceux qui lui font défaut.

Si l'on venait à s'étonner du grand nombre d'articles demandés par la Société, qu'on se rappelle ce qu'exige d'ordinaire le traitement d'une maladie. D'ailleurs, pour remplir son œuvre dans toutes ses applications, la Société doit s'attacher à réserver le plus d'argent possible au soulagement des blessés prisonniers, privés de toutes ressources. C'est ajouter à leur part, que de réduire, par des dons en nature, le budget de nos dépenses. C'est assister la plus touchante infortune, sans s'imposer un difficile effort. A combien d'entre nous n'est-ce pas chose indifférente de renoncer à quelque objet de luxe ou de commodité? Fût-ce un sacrifice, la pensée, qu'il contribue à soulager nos soldats, le rendra léger.

DEUXIÈME PARTIE.

LA
CONVENTION DE GENÈVE.

L'histoire de notre Société serait incomplète, si, après avoir retracé son origine, ses progrès et ses actes, nous ne parlions de la Convention célèbre, sur laquelle s'appuie son autorité. — C'est la Convention signée à Genève le 22 août 1864. — C'est elle qui, proclamant la neutralité de l'ambulance, assurant le respect de son matériel, protégeant de toute violation le personnel qui la dessert, encouragea la charité volontaire à s'enrôler dans le service hospitalier des armées. C'est la reconnaissance du principe de neutralisation qui provoqua la constitution des Sociétés de secours ; c'est elle qui assure leur existence. Si le texte du traité de Genève n'en fait pas mention, un de ses articles additionnels en constate implicitement la reconnaissance : le 13ᵉ article additionnel traite de : « navires hospitaliers, équipés aux frais des *Sociétés de secours reconnues par les gouvernements* signataires de la Convention.... »

Unie au traité de Genève par un lien d'origine, l'institution des Sociétés de secours s'y rattache encore par la poursuite du même but.

L'étude de la Convention complète ainsi notre premier exposé.

Le projet de neutraliser les ambulances et les hôpitaux militaires remonte, si l'on en veut trouver les premiers éléments, à l'histoire du dernier siècle.

En 1743, le maréchal de Noailles fit signer au comte de Stair un traité, qui les engageait l'un et l'autre à respecter les hôpitaux comme des « *sanctuaires.* »

En 1759, à l'Écluse, le maréchal de Barrail conclut avec sir Henry Seymour-Conway un contrat semblable. La même année, le maréchal de Rougé signait, à Brandebourg, avec le baron de Buddenbrock, un traité qui « *neutralisait les ambulances* » et renvoyait, après guérison, médecins et malades à leurs corps respectifs.

Ces divers traits de notre histoire, et le fait incontestable qu'en 1861, des idées analogues furent publiées en France, semblent autoriser notre pays à revendiquer l'honneur d'avoir jeté les premiers fondements de l'Œuvre internationale.

Cependant l'Italie, la Suisse, la Prusse élèvent les mêmes prétentions. Nous n'avons pas dessein de trancher la querelle. Si grande que soit la part de ces puissances dans le succès de la Convention de 1864, nous pensons qu'elle serait encore à l'état d'ébauche, sans la persévérance d'une Société genevoise, la Société d'utilité publique, et l'énergique initiative d'un de ses secrétaires.

En 1862, après la dernière guerre d'Italie, parut une brochure intitulée *le Souvenir de Solférino*. Elle donnait aux horreurs du champ de bataille un relief saisissant, montrait jusqu'à l'évidence l'insuffisance des secours officiels, et stimulait de tous côtés le réveil des idées philanthropiques. La Société d'utilité publique se hâta d'exploiter ce mouvement des esprits ; elle soumit à l'examen d'une commission un projet relatif à la constitution de sociétés de secours aux blessés; elle arriva même, grâce à de puissants alliés, à provoquer, le 26 octobre 1863, une conférence préparatoire, où quatorze gouvernements s'étaient fait représenter. Là, il fut déclaré à l'unanimité que, dans une guerre de quelque durée, *les secours sont insuffisants, quels que soient le zèle et le dévouement des services sanitaires officiels.*

L'œuvre internationale était, par cette déclaration, singulièrement avancée. Le gouvernement français fut jaloux d'y mettre la dernière main ; il ménagea un accord diplomatique pour hâter la réunion d'une conférence définitive, et appuya vivement, auprès de tous les cabinets, une circulaire par laquelle le conseil fédéral suisse convoquait les États de l'Europe à un congrès international.

Le congrès eut lieu à Genève, et rédigea, le 22 août 1864, cette Convention par laquelle fut officiellement proclamé le principe de la neutralité des ambulances, des hôpitaux et du personnel sanitaire des armées.

Seize puissances signèrent le traité, et furent imitées , de 1864 à 1868, par vingt-deux États : c'était l'Europe entière.

Toute remarquable qu'elle fût, la Convention était cependant imparfaite.

Pour n'en signaler qu'un défaut, elle n'avait égard qu'aux blessés des armées de terre. Pas un de ses articles n'était consacré aux victimes des guerres maritimes. C'est la conférence, tenue à Paris en 1867, qui, la première, répara cet oubli: Elle proposa que le bénéfice de la neutralité s'étendît efficacement aux forces maritimes des belligérants, et proposa, pour le service hospitalier qui les assisterait sur mer, un ensemble d'articles protecteurs. Le projet fut adopté, et amena, en octobre 1868, la réunion d'une nouvelle conférence officielle et diplomatique ; elle ne se sépara qu'après avoir élaboré quinze articles additionnels, dont dix concernent la marine, et appellent les sociétés de secours à organiser sur mer un service hospitalier. Ces articles, approuvés par la conférence entière, attendent leur ratification.

Nous publions le texte de la Convention de 1864 et les articles additionnels de 1868 ; nous publions aussi le projet adopté, en 1867, à la conférence internationale de Paris. Nous abordons ensuite l'analyse de la Convention de Genève, mettant, en regard de ses articles, les articles additionnels. Ils en éclairent le sens; ils en diminuent, et plus souvent en augmentent la portée. Nous ajoutons quelques réflexions sur chacun d'eux ; c'est une étude tout élémentaire ; elle atteindra son but, si elle sert à graver dans l'esprit du lecteur le plus noble chapitre de cette partie du droit public, qui détermine, pendant la guerre, les devoirs réciproques des peuples civilisés.

TEXTE

DE LA CONVENTION

Signée à Genève, le 22 août 1864.

Convention pour l'amélioration du sort des militaires blessés dans les armées de campagne.

ARTICLE PREMIER.

Les ambulances et les hôpitaux militaires seront reconnus neutres, et, comme tels, protégés et respectés par les belligérants, aussi longtemps qu'il s'y trouvera des malades ou des blessés.

La neutralité cesserait, si ces ambulances ou ces hôpitaux étaient gardés par une force militaire.

ART. 2.

Le personnel des hôpitaux et des ambulances, comprenant l'intendance, les services de santé, d'administration, de transport de blessés, ainsi que les aumôniers, participera au bénéfice de la neutralité, lorsqu'il fonctionnera et tant qu'il restera des blessés à relever ou à secourir.

ART. 3.

Les personnes désignées dans l'article précédent pourront, même après l'occupation par l'ennemi, continuer à remplir leurs fonctions dans l'hôpital ou l'ambulance qu'elles desservent, ou se retirer, pour rejoindre le corps auquel elles appartiennent.

Dans ces circonstances, lorsque ces personnes cesseront leurs fonctions, elles seront remises aux avant-postes ennemis par les soins de l'armée occupante.

Art. 4.

Le matériel des hôpitaux militaires demeurant soumis aux lois de la guerre, les personnes attachées à ces hôpitaux ne pourront, en se retirant, emporter que les objets qui sont leur propriété particulière.

Dans les mêmes circonstances, au contraire, l'ambulance conservera son matériel.

Art. 5.

Les habitants du pays, qui porteront secours aux blessés, seront respectés et demeureront libres.

Les généraux des puissances belligérantes auront pour mission de prévenir les habitants de l'appel fait à leur humanité, et de la neutralité qui en sera la conséquence.

Tout blessé recueilli et soigné dans une maison y servira de sauvegarde. L'habitant, qui aura recueilli chez lui des blessés, sera dispensé du logement des troupes, ainsi que d'une partie des contributions de guerre qui seraient imposées.

Art. 6.

Les militaires blessés ou malades seront recueillis et soignés, à quelque nation qu'ils appartiennent.

Les commandants en chef auront a faculté de remettre immédiatement aux avant-postes ennemis les militaires ennemis blessés pendant le combat, lorsque les circonstances le permettront, et du consentement des deux parties.

Seront renvoyés dans leurs pays ceux qui, après guérison, seront reconnus incapables de servir.

Les autres pourront être également renvoyés, à la condition de ne pas reprendre les armes pendant la durée de la guerre.

Les évacuations, avec le personnel qui les dirige, seront couvertes par une neutralité absolue.

Art. 7.

Un drapeau distinctif et uniforme sera adopté pour les hôpitaux, les ambulances et les évacuations. Il devra être, en toute circonstance, accompagné du drapeau national.

Un brassard sera également admis pour le personnel neutralisé ; mais la délivrance en sera laissée à l'autorité militaire.

Le drapeau et le brassard porteront : croix rouge sur fond blanc.

Art. 8.

Les détails d'exécution de la présente Convention seront réglés par les commandants en chef des armées belligérantes, d'après les instructions de leurs gouvernements respectifs, et conformément aux principes généraux énoncés dans cette Convention.

Art. 9.

Les hautes puissances contractantes sont convenues de communiquer la présente Convention aux gouvernements qui n'ont pu envoyer des plénipotentiaires à la Conférence internationale de Genève, en les invitant à y accéder : le protocole est à cet effet laissé ouvert.

Art. 10.

La présente convention sera ratifiée, et les ratifications en seront échangées à Berne, dans l'espace de quatre mois, ou plus tôt si faire se peut.

En foi de quoi, les plénipotentiaires respectifs l'ont signée et y ont apposé le cachet de leurs armes.

Fait à Genève, le vingt-deuxième jour du mois d'août de l'an mil huit cent soixante-quatre.

ARTICLES ADDITIONNELS

A LA

CONVENTION DE GENÈVE

Proposés à Genève le 20 octobre 1868.

ARTICLE PREMIER.

Le personnel désigné dans l'article 2 de la Convention continuera, après l'occupation par l'ennemi, à donner, dans la mesure des besoins, ses soins aux malades et aux blessés de l'ambulance ou de l'hôpital qu'il dessert.

Lorsqu'il demandera à se retirer, le commandant des troupes occupantes fixera le moment de ce départ, qu'il ne pourra toutefois différer que pour une courte durée, en cas de nécessités militaires.

ART. 2.

Des dispositions devront être prises par les puissances belligérantes, pour assurer au personnel neutralisé, tombé entre les mains de l'armée ennemie, la jouissance intégrale de son traitement.

ART. 3.

Dans les conditions prévues par les articles 1 et 4 de la Convention, la dénomination d'*ambulance* s'applique aux hôpitaux de campagne et autres établissements temporaires, qui suivent les troupes sur les champs de bataille, pour y recevoir des malades et des blessés.

Art. 4.

Conformément à l'esprit de l'article 5 de la Convention et aux réserves mentionnées au Protocole de 1864, il est expliqué que, pour la répartition des charges relatives au logement des troupes et aux contributions de guerre, il ne sera tenu compte, que dans la mesure de l'équité, du zèle charitable déployé par les habitants.

Art. 5.

Par extension de l'article 6 de la Convention, il est stipulé que, sous la réserve des officiers, dont la possession importerait au sort des armes, et dans les limites fixées par le deuxième paragraphe de cet article, les blessés, tombés entre les mains de l'ennemi, lors même qu'ils ne seraient pas reconnus incapables de servir, devront être renvoyés dans leur pays après leur guérison, ou plus tôt, si faire se peut, à la condition toutefois de ne pas reprendre les armes pendant la durée de la guerre.

⸺◦◊◦⸺

ARTICLES ADDITIONNELS

A LA

CONVENTION, CONCERNANT LA MARINE.

Art. 6.

Les embarcations qui, à leurs risques et périls, pendant et après le combat, recueillent ou qui, ayant recueilli des naufragés ou des blessés, les portent à bord d'un navire soit neutre, soit ospitalier, jouiront, jusqu'à l'accomplissement de leur mission, de la part de neutralité que les circonstances du combat et la situation des navires en conflit permettront de leur appliquer.

Art. 7.

L'appréciation de ces circonstances est confiée à l'humanité de tous les combattants.

Les naufragés et les blessés ainsi recueillis et sauvés ne pourront servir pendant la durée de la guerre.

Le personnel religieux, médical et hospitalier de tout bâtiment capturé est déclaré neutre. Il emporte, en quittant le navire, les objets et les instruments de chirurgie qui sont sa propriété particulière.

Art. 8.

Le personnel désigné dans l'article précédent doit continuer à remplir ses fonctions sur le bâtiment capturé, concourir aux évacuations des blessés faites par le vainqueur, puis il doit être libre de rejoindre son pays, conformément au second paragraphe du premier article additionnel ci-dessus.

Les stipulations du deuxième article additionnel ci-dessus sont applicables au traitement de ce personnel.

Art. 9.

Les bâtiments hôpitaux militaires restent soumis aux lois de la guerre, en ce qui concerne leur matériel ; ils deviennent la propriété du capteur ; mais celui-ci ne pourra les détourner de leur affectation spéciale pendant la durée de la guerre.

Art. 10.

Tout bâtiment de commerce, à quelque nation qu'il appartienne, chargé exclusivement de blessés et de malades dont il opère l'évacuation, est couvert par la neutralité ; mais le fait seul de la visite, notifié sur le journal du bord, par un croiseur ennemi, rend les blessés et les malades incapables de servir pendant la durée de la guerre. Le croiseur aura même le droit de mettre à bord un commissaire, pour accompagner le convoi et vérifier ainsi la bonne foi de l'opération.

Si le bâtiment de commerce contenait en outre un chargement, la neutralité le couvrirait encore, pourvu que ce chargement ne fût pas de nature à être confisqué par le belligérant.

Les belligérants conservent le droit d'interdire aux bâtiments neutralisés toute communication et toute direction qu'ils jugeraient nuisibles au secret de leurs opérations.

Dans les cas urgents, des conventions particulières pourront être faites entre les commandants en chef, pour neutraliser momentanément, d'une manière spéciale, les navires destinés à l'évacuation des blessés et des malades.

Art. 11.

Les marins et les militaires embarqués, blessés ou malades, à quelque nation qu'ils appartiennent, seront protégés et soignés par les capteurs.

Leur rapatriement est soumis aux prescriptions de l'article 6 de la Convention et de l'article 5 additionnel.

Art. 12.

Le drapeau distinctif à joindre au pavillon national, pour indiquer un navire ou une embarcation quelconque qui réclame le bénéfice de la neutralité, en vertu des principes de cette Convention, est le pavillon blanc à croix rouge.

Les belligérants exercent à cet égard toute vérification qu'ils jugent nécessaire.

Les bâtiments hôpitaux militaires seront distingués par une peinture extérieure blanche avec batterie verte.

Art. 13.

Les navires hospitaliers, épuipés aux frais des sociétés de secours reconnues par les Gouvernements signataires de cette

Convention, pourvus de commission émanée du souverain qui aura donné l'autorisation expresse de leur armement et d'un document de l'autorité maritime compétente, stipulant qu'ils ont été soumis à son contrôle pendant leur armement et à leur départ final, et qu'ils étaient alors uniquement appropriés au but de leur mission, seront considérés comme neutres ainsi que tout leur personnel.

Ils seront respectés et protégés par les belligérants.

Ils se feront reconnaître en hissant, avec leur pavillon national, le pavillon blanc à croix rouge. La marque distinctive de leur personnel dans l'exercice de ses fonctions sera un brassard aux mêmes couleurs ; leur peinture extérieure sera blanche avec batterie rouge.

Ces navires porteront secours et assistance aux blessés et aux naufragés des belligérants, sans distinction de nationalité.

Ils ne devront gêner en aucune manière les mouvements des combattants.

Pendant et après le combat, ils agiront à leurs risques et périls.

Les belligérants auront sur eux le droit de contrôle et de visite ; ils pourront refuser leur concours, leur enjoindre de s'éloigner.

Les blessés et les naufragés recueillis par ces navires ne pourront être réclamés par aucun des combattants, et il leur sera imposé de ne pas servir pendant la durée de la guerre.

Art. 14.

Dans les guerres maritimes, toute forte présomption que l'un des belligérants profite du bénéfice de la neutralité dans un autre intérêt que celui des blessés et des malades, permet à l'autre belligérant, jusqu'à preuve du contraire, de suspendre la Convention à son égard.

Si cette présomption devient une certitude, la Convention peut même lui être dénoncée pour toute la durée de la guerre.

Art. 15.

Le présent Acte sera dressé en un seul exemplaire original, qui sera déposé aux archives de la Confédération suisse.

Une copie authentique de cet Acte sera délivrée, avec invitation d'y adhérer, à chacune des Puissances signataires de la Convention du 22 août 1864, ainsi qu'à celles qui y ont successivement accédé.

En foi de quoi, les Commissaires soussignés ont dressé le présent projet d'articles additionnels et y ont apposé le cachet de leurs armes.

Fait à Genève, le vingtième jour du mois d'octobre de l'an mil huit cent soixante-huit.

TEXTE

ADOPTÉ PAR LA CONFÉRENCE INTERNATIONALE DE PARIS.

LE 29 AOUT 1867.

Convention pour l'amélioration du sort des militaires
blessés dans les armées de terre et de mer.

ARTICLE PREMIER.

Les ambulances, les hôpitaux et tout le matériel destiné à secourir les blessés et les malades, sur terre ou sur mer, seront reconnus comme neutres et, comme tels, protégés et respectés par les belligérants.

ART. 2.

Le personnel des hôpitaux et des ambulances de terre et de mer, comprenant les services de santé, d'administration et de transport, ainsi que l'assistance religieuse, participeront au bénéfice de la neutralité.

ART. 3.

Les personnes désignées dans l'article précédent pourront, si elles tombent entre les mains de l'ennemi, continer à remplir leurs fonctions dans l'hôpital, l'ambulance ou le navire qu'elles desservent. Soumises à l'autorité de l'ennemi, elles conserveront leur traitement complet.

Ce personnel sanitaire ne sera pas retenu au delà du temps exigé par l'assistance des blessés, mais le commandant en chef de l'armée et des forces navales victorieuses décidera quand il pourra se retirer.

Le personnel sanitaire et administratif, ainsi que les voitures, les navires et tout le matériel à l'usage des blessés, continueront à fonctionner sur le champ de bataille ou dans les eaux du combat, même après que ces lieux auront été occupés par l'armée ou par les forces navales victorieuses. Cependant, les blessés resteront entre les mains du vainqueur.

Si le personnel sanitaire et administratif manquait aux devoirs que sa neutralité lui impose, il serait soumis aux lois de la guerre.

Art. 4.

Les membres des sociétés de secours aux blessés militaires des armées de terre et de mer de tous pays, de même que leur personnel auxiliaire et leur matériel, sont déclarés neutres.

Les sociétés de secours se mettront en correspondance directe avec les quartiers généraux ou avec les commandants des forces navales, par le moyen de représentants.

Les sociétés de secours, d'accord avec leurs représentants aux quartiers généraux ou auprès des commandants des forces navales, pourront envoyer des délégués, qui suivront les armées ou les flottes sur le théâtre de la guerre, et seconderont les services sanitaires et administratifs dans leurs fonctions.

Art. 5.

Les habitants du pays, ainsi que les infirmiers volontaires qui porteront secours aux blessés, seront respectés et protégés.

Les commandants en chef des puissances belligérantes inviteront, par une proclamation, les habitants du pays à secourir les blessés de l'ennemi, comme s'ils appartenaient à une armée ou à une marine amie.

Tout blessé recueilli et soigné dans une maison y servira de sauvegarde.

Tout navire chargé de recueillir des blessés ou des naufragés sera sauvegardé par le pavillon mentionné à l'article 7 ci-après.

Art. 6.

Les militaires malades ou blessés seront recueillis et soignés, à quelque nation qu'ils appartiennent.

Tout blessé tombé entre les mains de l'ennemi est déclaré neutre, et doit être remis aux autorités civiles ou militaires de son pays, pour être renvoyé dans ses foyers, lorsque les circonstances le permettront et du consentement des deux partis.

Les convois du service de santé, avec le personnel qui les dirige, seront couverts par une neutralité absolue.

Art. 7.

Un drapeau et un pavillon distinctifs et uniformes sont adoptés pour les hôpitaux, les ambulances, les dépôts de matériel et les convois du service de santé dans les armées de terre et de mer. Ils devront être, en toute circonstance, accompagnés du drapeau ou du pavillon national.

Un brassard est également admis pour le personnel neutralisé.

Ce brassard sera délivré exclusivement par les autorités militaires, qui créeront pour cela un moyen de contrôle.

Toute personne qui portera indûment le brassard sera soumise aux lois de la guerre.

Le drapeau, le pavillon et le brassard portent croix rouge sur fond blanc.

Art. 8.

L'armée victorieuse a le devoir de surveiller, autant que les circonstances le permettent, les soldats tombés sur le champ de bataille, pour les préserver du pillage et des mauvais traitements, et d'enterrer les morts, en se conformant strictement aux prescriptions sanitaires.

Les puissances contractantes prendront soin qu'en temps de

guerre, chaque militaire soit muni d'un signe uniforme et obligatoire propre à établir son identité. Ce signe indiquera son nom, son lieu de naissance, ainsi que le corps d'armée, le régiment et la compagnie auxquels il appartient. En cas de décès, ce document devra être retiré avant l'inhumation, et remis à l'autorité civile et militaire du lieu de naissance du décédé.

Les listes des morts, des blessés, des malades et des prisonniers seront communiqués, autant que possible, immédiatement après le combat, au commandant de l'armée ennemie, par voie diplomatique ou militaire.

Pour autant que le contenu de cet article est applicable à la marine et exécutable par elle, il sera observé par les forces navales victorieuses.

Art. 9.

Les hautes puissances contractantes s'engagent à introduire dans leurs règlements militaires les modifications devenues indispensables par suite de leur adhésion à la Convention.

Elles en ordonneront l'explication aux troupes de terre et de mer en temps de paix, et la mise à l'ordre du jour en temps de guerre.

Les commandants en chef des armées ou des forces navales belligérantes veilleront à la stricte observation de la Convention et en régleront, à cet effet, les détails d'exécution.

L'inviolabilité de la neutralité énoncée dans cette Convention doit être garantie par des déclarations uniformes, publiées dans les Codes militaires des diverses nations.

EXAMEN RAISONNÉ

DE LA

CONVENTION DE GENÈVE ET DES ARTICLES ADDITIONNELS

QUI S'Y RAPPORTENT.

Texte de la Convention signée à Genève, le 22 août 1864.	Articles additionnels signés à Genève, le 20 octobre 1868.
ARTICLE PREMIER.	**ART. 3.**
Les ambulances et les hôpitaux militaires seront reconnus neutres, et, comme tels, protégés et respectés par les belligérants, aussi longtemps qu'il s'y trouvera des malades ou des blessés.	Dans les conditions prévues par les articles 1 et 4 de la Convention, la dénomination d'*ambulance* s'applique aux hôpitaux de campagne et autres établissements temporaires, qui suivent les troupes sur les champs de bataille, pour y recevoir des malades et des blessés.
La neutralité cesserait, si ces ambulances ou ces hôpitaux étaient gardés par une force militaire.	

Le mot *ambulance*, cité dans l'article 1er, est de ceux dont il importe de donner une définition précise. Le 3e article additionnel de la Convention de 1868 nous semble avoir partiellement résolu la difficulté.

C'est pourquoi nous avons placé en regard les deux articles.

De leur étude comparée naissent les observations suivantes :

Les seules ambulances déclarées neutres, et, à ce titre, protégées et respectées, sont celles où il apparaît d'une manière manifeste que des soldats blessés ou malades reçoivent des soins.

La neutralité cesse *du moment où stationne dans l'ambulance une force militaire.*

6

Le mot *ambulance* ne s'applique qu'aux hôpitaux de campagne « et autres établissements temporaires qui suivent les troupes sur les champs de bataille. »

Le même mot embrasse les ambulances *mobiles*, dites « *volantes*, » c'est-à-dire les ambulances envoyées sur les champs de bataille, et les *ambulances fixes*, alliance de mots singulière, synonyme d'*hôpital provisoire*. Qu'elles se tiennent sur le champ de bataille ou dans son voisinage, les mêmes priviléges sont assurés aux ambulances. Aujourd'hui que la lutte s'est concentrée autour de Paris, la Convention protége évidemment les ambulances de la ville de Paris et de ses environs.

Les ambulances fixes et volantes reçoivent les soldats malades ou blessés. Il convient de rappeler à ce sujet, que, suivant un principe admis par la science chirurgicale, la même ambulance ne doit pas soigner dans un même local des blessés et des malades. Toutefois, la justice et l'humanité exigent, qu'à défaut d'asile spécial, les portes des ambulances s'ouvrent aux soldats qu'une maladie frappe dans le service public.

Une règle d'observation étroite est de n'admettre de blessés que dans une ambulance desservie par des chirurgiens éprouvés. C'est une vérité reconnue, que les bons chirurgiens sont peu nombreux, relativement au nombre de médecins qui savent traiter les maladies internes.

<table>
<tr><td>

ART. 2.

Le personnel des hôpitaux et des ambulances, comprenant l'intendance, les services de santé, d'administration, de transport de blessés, ainsi que les aumôniers, participera au bénéfice de la neutralité lorsqu'il fonctionnera et tant qu'il restera des blessés à relever ou à secourir.

</td><td>

ARTICLE PREMIER.

Le personnel désigné dans l'article 2 de la Convention continuera, après l'occupation par l'ennemi, à donner, dans la mesure des besoins, ses soins aux malades et aux blessés de l'ambulance ou de l'hôpital qu'il dessert.

Lorsqu'il demandera à se retirer, le commandant des troupes occupantes fixera le moment de ce départ, qu'il ne pourra toutefois différer que pour une courte durée, en cas de nécessités militaires.

</td></tr>
</table>

C'est dans la guerre actuelle que, *pour la première fois,*

l'article 2 de la Convention a *été* étendu au personnel des ambulances d'*une société de secours*. Cette société est la nôtre.

Les seize ambulances volantes, organisées par notre Société, ont été traitées comme neutres. Leur personnel a été généralement respecté, pendant son service sur le champ de bataille.

Il est pourtant regrettable que les « nécessités militaires » signalées à la fin du 1er article additionnel, aient parfois entravé le cours de notre œuvre, et contrarié les devoirs qu'elle nous impose.

<table>
<tr><td>

Art. 3.

Les personnes désignées dans l'article précédent pourront, même après l'occupation par l'ennemi, continuer à remplir leurs fonctions dans l'hôpital ou l'ambulance qu'elles desservent, ou se retirer pour rejoindre le corps auquel elles appartiennent.

Dans ces circonstances, lorsque ces personnes cesseront leurs fonction, elles seront remises aux avant-postes ennemis par les soins de l'armée occupante.

</td><td>

Art. 2.

Des dispositions devront être prises par les Puissances belligérantes pour assurer au personnel neutralisé, tombé entre les mains de l'armée ennemie, la jouissance intégrale de son traitement.

</td></tr>
</table>

Ajoutons que si les médecins, attachés à notre Société, sont obligés de continuer leur service dans les ambulances de l'autre partie belligérante, *ils doivent* avoir la jouissance intégrale de leur traitement. Ce principe n'est pas d'une application moins rigoureuse à l'égard des médecins militaires.

Ainsi en ordonne le 2e article additionnel.

Art. 4.

Le matériel des hôpitaux militaires demeurant soumis aux lois de la guerre, les personnes attachées à ces hôpitaux ne pourront, en se retirant, emporter que les objets qui sont leur propriété particulière.

Dans les mêmes circonstances, au contraire, l'ambulance conservera son matériel.

Donc, tandis que le matériel des *hôpitaux* militaires demeure soumis aux lois de la guerre, celui *des ambulances*, qu'elles soient volantes ou fixes, *est toujours respecté.*

<table>
<tr><td>

Art. 5.

Les habitants du pays qui porteront secours aux blessés seront respectés et demeureront libres.

Les généraux des puissances belligérantes auront pour mission de prévenir les habitants de l'appel fait à leur humanité, et à la neutralité qui en sera la conséquence.

Tout blessé recueilli et soigné dans une maison y servira de sauvegarde. L'habitant, qui aura recueilli chez lui des blessés, sera dispensé du logement des troupes, ainsi que d'une partie des contributions de guerre qui seraient imposées.

</td><td>

Art. 4.

Conformément à l'esprit de l'article 5 de la Convention et aux réserves mentionnées au Protocole de 1864, il est expliqué que, pour la répartition des charges relatives au logement des troupes et aux contributions de guerre, il ne sera tenu compte, que dans la mesure de l'équité, du zèle charitable déployé par les habitants.

</td></tr>
</table>

Si l'on compare ces deux articles, il apparaît clairement que le 4ᵉ article additionnel a pour objet de ramener une partie de l'article 5 dans de plus étroites limites. — L'article 5 dit : « L'habitant, qui aura recueilli chez lui des blessés, sera dispensé du logement des troupes, ainsi que d'une partie des contributions de guerre qui seraient imposées. » Au contraire, d'après l'article 4 : « Il est expliqué que, pour la répartition des charges relatives au logement des troupes et aux contributions de guerre, il ne sera tenu compte que, *dans la mesure de l'équité*, du zèle charitable déployé par les habitants. »

Cette réserve était énoncée déjà sur les procès-verbaux des séances de la Convention de Genève de 1864. L'article additionnel l'a reproduite.

Rappelons que, si l'article 5 reconnaît à *tout* habitant du théâtre de la guerre le droit de porter secours aux blessés, s'il déclare inviolable le lieu où il les recueille, c'est, d'autre part, un devoir sacré de leur donner, non pas une hospitalité banale, mais une assistance éclairée et attentive.

Il faut donc réprouver tous ceux chez qui la vanité, l'égoïsme ou la peur sont les seuls mobiles de la charité, et qui ne cherchent à attirer les blessés dans de prétendues ambulances, que pour en faire des instruments de réclame ou de protection hypocrite.

<table>
<tr><td>

Art. 6.

Les militaires blessés ou malades seront recueillis et soignés, à quelque nation qu'ils appartiennent.

Les commandants en chef auront la faculté de remettre immédiatement aux avants-postes ennemis les militaires ennemis blessés pendant le combat, lorsque les circonstances le permettront, et du consentement des deux parties.

Seront renvoyés dans leur pays ceux qui, après guérison, seront reconnus incapables de servir.

Les autres pourront être également renvoyés à la condition de ne pas reprendre les armes pendant la durée de la guerre.

Les évacuations, avec le personnel qui les dirige, seront couvertes par une neutralité absolue.

</td><td>

Art. 5.

Par extension de l'article 6 de la Convention, il est stipulé que, sous la réserve des officiers dont la possession importerait au sort des armes, et dans les limites fixées par le deuxième paragraphe de cet article, les blessés tombés entre les mains de l'ennemi, lors même qu'ils ne seraient pas reconnus incapables de servir, devront être renvoyés dans leur pays, ou plus tôt, si faire se peut, à la condition toutefois de ne pas reprendre les armes pendant la durée de la guerre.

</td></tr>
</table>

Le lecteur remarquera que le cinquième article additionnel étend singulièrement la portée du sixième article de la convention. D'après le quatrième alinéa de l'article 6, les soldats blessés qui, après guérison, ne sont pas reconnus incapables de servir encore « *pourront* être également renvoyés, à la condition de ne « pas reprendre les armes pendant la durée de la guerre. » Au contraire, le cinquième article additionnel dit expressément : « Les « blessés tombés entre les mains de l'ennemi, lors même qu'ils « ne seraient pas reconnus incapables de servir, *devront* être « renvoyés dans leur pays après leur guérison, ou plus tôt, « si faire se peut, à la condition toutefois de ne pas reprendre « les armes pendant la durée de la guerre. »

Si cet article a été jusqu'ici méconnu dans la pratique, ce n'est pas que la Société ait négligé d'en réclamer l'exécution. Elle a plus d'une fois rappelé ce qu'il avait d'impérieusement humain.

Elle a échoué, dans la guerre actuelle, devant l'opiniâtreté de l'autre partie belligérante, sans désespérer de gagner sa cause.

Une autre question, grave entre toutes, préoccupe notre Société. Le temps viendra, où nos blessés et nos malades, restés aux mains de la partie adverse, nous seront rendus. La Société étudie en ce moment les moyens les plus propres à leur ménager, à travers les prochaines rigueurs de l'hiver, un retour sans danger pour leur santé et leur vie.

Art. 7.

Un drapeau distinctif et uniforme sera adopté pour les hôpitaux, les ambulances et les évacuations. Il devra être, en toute circonstance, accompagné du drapeau national.

Un brassard sera également admis pour le personnel neutralisé ; mais la délivrance en sera laissée à l'autorité militaire.

Le drapeau et le brassard porteront : croix rouge sur fond blanc.

Ainsi, relativement au drapeau international, appelé aussi drapeau de la Convention de Genève, les termes de l'article préviennent l'abus qu'on en peut faire. Il sera hissé à côté du drapeau national, sur « les *hôpitaux,* les *ambulances,* les *évacuations.* » — L'énumération est précise. — Ajoutons que, pour arborer sur une maison le drapeau de Genève, il ne suffit pas de la disposer en ambulance. Il faut qu'elle contienne des soldats blessés ou malades.

Par rapport au brassard, l'article dit formellement que « sa délivrance est laissé à l'autorité militaire. » Dans la guerre actuelle, les parties belligérantes ont de part et d'autre introduit l'usage d'apposer sur le brassard, à côté du timbre de la Société de secours, celui de l'intendance militaire, représentant chez nous l'autorité compétente.

En outre, notre Société, à l'exemple de l'autre partie belligérante, a délivré aux porteurs du brassard une carte personnelle

Elle est signée par le président de la Société et par son délégué officiel près les ministres de la guerre et de la marine.

Le brassard ne doit être porté que dans l'activité du service.

Quant aux insignes de fantaisie, à ces croix, par exemple, dont on décore une casquette, un habit, etc., la Société ne les reconnaît pas. Elle ne les admet pas davantage sur les voitures d'ambulance ou de transport. Sont exceptées celles qui lui appartiennent ou qu'elle a attachées à son service, et naturellement celles de l'intendance militaire et celles qu'elle s'adjoint. La Société a protesté sans cesse contre les usurpations d'insignes, et a obtenu un ordre du gouvernement pour la répression de cet abus.

Art. 8.

Les délais d'exécution de la présente Convention seront réglés par les commandants en chef des armées belligérantes, d'après les instructions de leurs gouvernements respectifs, et conformément aux principes généraux énoncés dans cette Convention.

Si l'on demande pourquoi les parties belligérantes se reprochent si souvent entre elles de mal interpréter la Convention, le secret de la réponse est dans l'article 8. Qu'on étudie ces termes : « Les délais d'exécution seront réglés par les commandants en chef des armées, » et ceux-ci : « D'après les instructions de leurs gouvernements. » Qu'on mesure le champ qu'ils laissent à la liberté d'appréciation, et l'on s'étonnera que le désaccord ne soit pas plus fréquent.

Art. 9.

Les puissances contractantes sont convenues de communiquer la présente Convention aux gouvernements qui n'ont pu envoyer des plénipotentiaires à la Conférence internationale de Genève, en les invitant à y accéder : le protocole est à cet effet laissé ouvert.

Art. 10.

La présente Convention sera ratifiée, et les ratification en seront échangées à Berne, dans l'espace de quatre mois, ou plus tôt, si faire se peut.

En foi de quoi, les plénipotentiaires respectifs l'ont signée et y ont apposé le cachet de leurs armes.

Fait à Genève, le vingt-deuxième jour du mois d'août de l'an mil huit cent soixante-quatre.

Le protocole ne resta pas longtemps ouvert. Toutes les puissances de l'Europe, aussitôt frappées de l'humanité dont la Convention est empreinte, y donnèrent promptement une pleine adhésion. Quant aux articles additionnels, ils attendent encore leur ratification.

Nous rappelons que, pour la guerre actuelle, la France et la Prusse les ont adoptés comme « *modus vivendi.* »

Nous espérons que, dans un prochain avenir, un congrès international corrigera, suivant l'esprit du projet de Paris (1867), les imperfections de la Convention de Genève, ou plutôt qu'il la remplacera par un *Code international du service de santé militaire,* et par un règlement d'organisation pour les sociétés de secours aux blessés. Inspiré par le souvenir des calamités de 1870, ce congrès n'hésitera pas à faire plus grande encore la part de l'humanité dans la guerre.

Paris, le 31 octobre 1870.

Approuvé la rédaction du rapport :

Le Président,

Cte DE FLAVIGNY.

Le Secrétaire-général,

Cte DE BEAUFORT.

Paris-Imp. PAUL DUPONT, 41 rue Jean-Jacques-Rousseau.

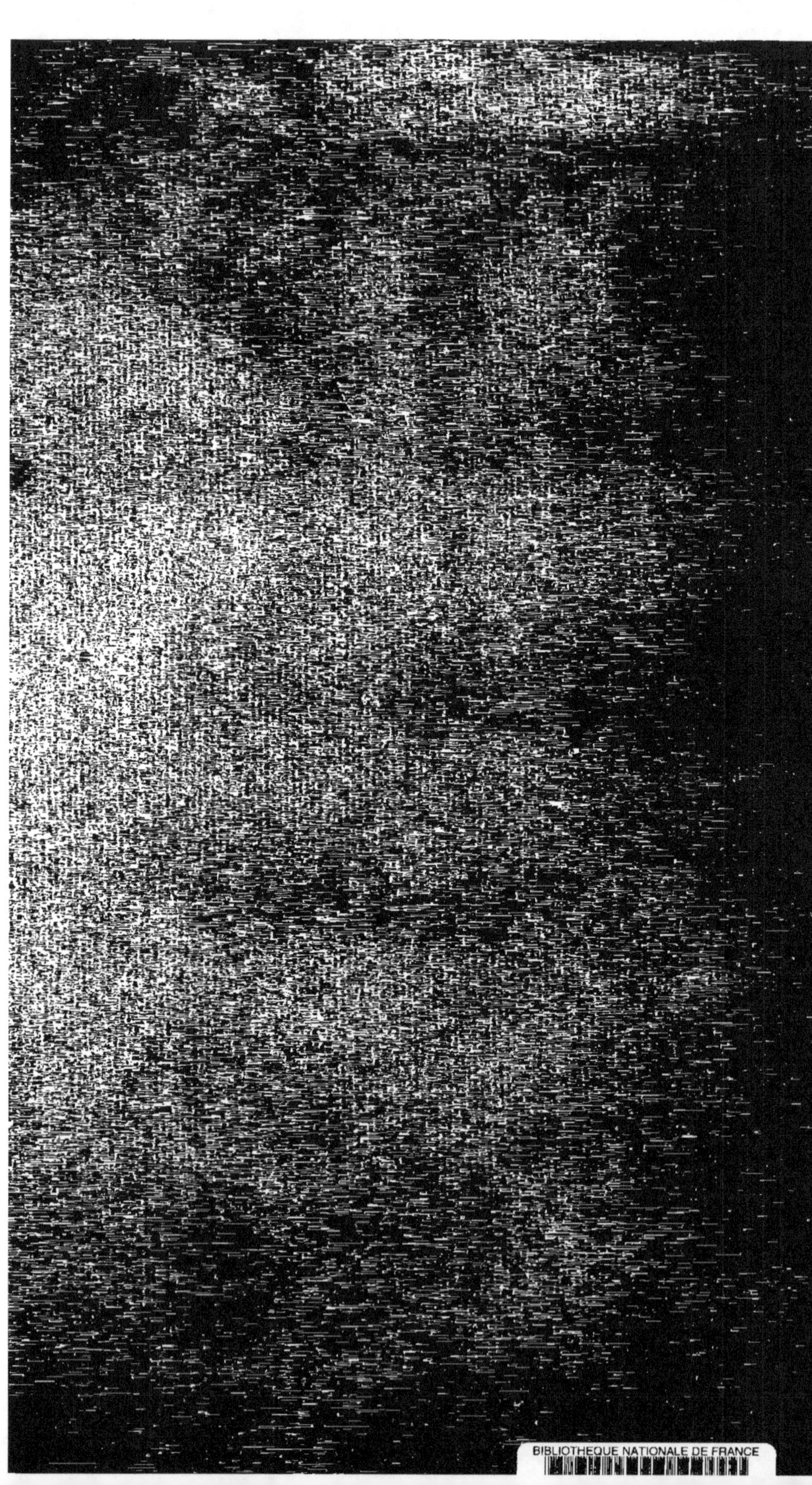

www.ingramcontent.com/pod-product-compliance
Lightning Source LLC
Chambersburg PA
CBHW061253050726
47594CB00004B/1461